sportfliegen

sportfliegen

Ein Wörterbuch für Berufs- und
Hobbypiloten, Fluglehrer und -schüler
Fluglotsen, Mechaniker und andere
unmittelbar Betroffene.

Von B. Pfendtner, P. Elgaß
und V. Thomalla
mit Zeichnungen von H. Mauch

TOMUS

Druck: Schwabenverlag, Ostfildern
3 4 5 6 91 90 89
ISBN 3-8231-0141-2

HMauch

Airbus

A

Abfallprodukte, militärische	Die ganze Zivilfliegerei ist praktisch ein militärisches Abfallprodukt. Da Entwicklungen von Flugzeugen so teuer sind, lohnen sich zivile Entwicklungen fast nicht. Oft können aber Entwicklungen für die Landesverteidigung auch zivil genutzt werden.
Abflug	Zeitspanne zwischen dem Stoßgebet des Piloten und seinem Ruf nach der ersten Tasse Kaffee.
Absaufen	(Siehe „Saufen") Wenn der Segelflieger mangels Aufwind abwärts geht und landen muß, oft auf einem Acker, dann ist er abgesoffen. Ist der Segler dann auf dem Hänger verstaut, dann wird gesoffen (siehe „Biertisch").
ADF	Funknavigations-Instrument, das einer Flugzeugbesatzung zuverlässig anzeigt, wo sich ein Radiosender befindet, außer das ADF wird durch einen Radiosender, durch zu schönes Wetter oder zu schlechtes Wetter, durch Gewitter, Funküberreichweiten oder Frequenz-Überlappungen und durch starke statische Aufladungen oder durch Zeigerbruch gestört.
Airbus	Vergleichbar dem Autobus auf der Straße. Ein plumpes Massenverkehrsmittel, das als Transporter zu Massentourismus-Zielen eingesetzt wird. Im Gegensatz zum altbekannten Omnibus gibt es im modernen Airbus kaum noch Stehplätze.

Alleinflug
27

Akademische Fliegergruppen (Akaflieg)

Der wildeste Haufen am Flugplatz, mit jeder Menge Flausen und Ideen im Kopf und mit ständiger Ebbe in der Kasse. Drei Akaflieger erproben ein neukonstruiertes und selbstgebautes Flugzeug, alle anderen beugen sich über Polare, malen an Formeln herum oder stieren in den Computer-Bildschirm. Am Ende steht immer etwas Revolutionäres, das niemand bauen kann, weil es nicht wirtschaftlich ist.

Aktivfliegen

Gemeint ist nicht etwa, daß Fluggäste jetzt selbst den Steuerknüppel in die Hand nehmen sollen – nein, Aktivfliegen ist ein Begriff aus der modernen Animation und besonders für Kurzurlauber gedacht. Sie beginnen bereits im Flugzeug, selbst aktiv zu sein.

Alkohol

Um geradeaus fliegen zu können, brauchen Piloten Alkohol – nein, nicht im Blut, auch nicht im Kopf, sondern im Kompaß. Der ist bis an den Rand mit Hochprozentigem gefüllt. Das Instrument braucht den Alkohol, um ruhig zu bleiben. Piloten dürfen keinen Alkohol zu sich nehmen, weil sie sonst auch ruhig werden könnten. Sie würden zunächst krumme Kreise fliegen und dann einschlafen. Über die Landung schweigen wir lieber.

Alleinflug, erster

Beginnt mit pochendem Herzen und endet auch so. Sechs spannende Minuten für den Fluglehrer, der neben der Landebahn wartet und immer weniger davon überzeugt ist, daß sein Schützling auch auf dieser wieder aufsetzen wird. Den Motor-Flugschüler erwartet nach der Landung die Schere – für die Krawatte, die gestutzt wird. Segelflieger sind da weniger fein: Da packt der Fluglehrer seinen Schüler, und jeder Anwesende (es sind immer viele) darf einmal kräftig auf den Allerwertesten des Schülers klatschen.

Auffanglinie Dient vor allem den Piloten als Hilfsmittel, die sich eine gründliche Flugplanung ersparen wollen. Die Auffanglinie kann ein Fluß, eine Eisenbahnlinie oder ein Küstenstreifen sein. Wichtigste Eigenschaft: Auch ein Blinder muß darüber stolpern können. Auffanglinien haben aber auch ihre Tücken: Steht am Rhein beispielsweise nicht, daß er die Donau ist, staunt der Pilot nach dem Überflug, daß in Frankreich ungarisch gesprochen wird.

Aufschlag Unangenehmste Art, einen Flug zu beenden. Liegen die Flugzeugteile nach einem Aufschlag sauber ausgerichtet auf einer Landebahn und kann der Pilot noch auf seinen eigenen Füßen stehend die Landegebühren bezahlen, spricht man von einer Not- oder Schülerlandung.

Auftrieb Gefühl eines Flugschülers beim ersten Alleinflug. Allerdings hält der Auftrieb nur solange an, bis der Schüler merkt, daß er ganz allein in einem fliegenden Flugzeug sitzt und er dies ganz allein ohne großen Flurschaden auf die Erde bringen soll. Die Kraft, die ihn derart auf den Boden der Tatsachen bringt, heißt Schwerkraft.

Außenlandung Landung ohne Landebahn (siehe dort). Bei Segelfliegern ist sie an der Tagesordnung, bei allen anderen Fliegern sorgt sie nächtelang für Gesprächsstoff (siehe auch „Biertisch“).

Auftrieb

Bahnhof

Autobahn

Wichtigstes Orientierungsmittel für Flugzeugbesatzungen und gleichzeitig längstes Notlandefeld. Beim Autobahnfliegen gilt: rechte Spur, linkes Rad. Der Zwang, die Autobahn nur über die Ausfahrten zu verlassen, gilt hierbei aber nicht.

Avionik

1. Der Natur ist es gelungen, alles, was an Elektronik, Instrumenten und Anzeigegeräten in Flugzeugen vorhanden ist, also alles, was zum

a. Starten	f. Kurs halten	k. Lastentransport
b. Landen	g. Orientieren	l. Energieverbrauch
c. Fliegen	h. Trimmen	m. ökonomisch Fliegen
d. Navigieren	i. Höhe halten	n. Peilen
e. Steuern	j. Sprechfunk	o. Funk überwachen

notwendig ist, auf kleinstem Raum unterzubringen: im Spatzenhirn!

2. Sammelbegriff für alles, was im Cockpit mit Kabeln verbunden ist, Zeiger hat oder Verantwortung trägt (Pilot ausgenommen). Die Avionik ist seit vielen Jahren praktisch so gut, daß sie den Piloten überflüssig macht. Die Manager der Fluglinien haben sich bisher nur noch nicht überwunden, ihren sensiblen, pflichtbewußten und fleißigen Piloten diese Tatsache schonend beizubringen.

B

Bahnhof

Früher wichtigstes Navigationsmittel für Sichtflieger. Wenn man nicht mehr wußte, woher oder wohin, holte

	man sich über dem nächsten Bahnhof eine Fahrkarte, das heißt, man überflog den Bahnhof so tief, daß man das Zuglaufschild an den Waggons oder den Städtenamen am Bahnhof lesen konnte. Durch den Streckenabbau der Bundesbahn ist dieses Navigationsverfahren sehr selten geworden.
Bart	Ist das, was Segelfliegern wächst, wenn sie Stunden und Tage auf günstigen Aufwind warten. Ist der Wind endlich da, wird der Bart dazu benutzt, in ihm zu kurbeln.
Beinfreiheit	Ist die Anzahl der Sitzreihen mal der Länge eines Sitzes. Diese Zahl wird von der effektiven Länge der Kabine abgezogen und durch die Zahl der Sitzreihen geteilt. Was rauskommt, ist die Beinfreiheit. Bitte entschuldigen Sie die umständliche Erklärung. Damit wollen wir diskret vermeiden, daß das unschöne Wort Sardinenbüchse in diesem Buch vorkommt.
Berufspiloten (Großraum-Jets)	Haben blendendes Image bei Frauen und bei Unkundigen, fast soviel wie Testpiloten (siehe dort). Fliegen und rechnen erledigt der Computer.
Berufspiloten (kleinere Maschinen)	Haben doppelte Arbeit und das halbe Gehalt.
Biertisch	Rund oder eckig. Er ist für viele Flieger der wahre Himmel.
Blindflug	Ist ein Computerspiel, bei dem der die meisten Punkte bekommt, dem es gelingt, ohne Sicht nach außen mit der Geschwindigkeit einer Rakete einen Flugplatz zu finden und

Beinfreiheit

auf ihm zu landen, ohne abzustürzen. Soll es auch in Wirklichkeit geben, allerdings macht es dort mehr Spaß, da man nur einen Versuch hat.

Bodenpersonal Im Gegensatz zum fliegenden Personal hat das Bodenpersonal Aufgaben an einem vertraglich festgelegten Standort. Wegen der hochempfindlichen Technologie muß das Bodenpersonal eine Spezialausbildung für die verschiedensten Funktionen durchlaufen haben, bevor man es an die Flugzeuge heranläßt. Trotzdem haben die Mitarbeiter des Bodenpersonals meist vor der Spezialisierung einen „normalen“ Beruf erlernt.

Bordkarte Letzte Möglichkeit der Fluggesellschaften, Blinde Passagiere vom Innern der startklaren Maschine fernzuhalten. Die Karte hat noch eine weitere, äußerst wichtige Funktion: Sie vermeidet Streit unter den Passagieren um einen Fensterplatz.

Bordkino Die Fachleute streiten sich immer noch, was zuerst da war: der Monumentalfilm oder der Transatlantikflug. Auf jeden Fall lassen sich die beiden Dinge hervorragend miteinander kombinieren. Im Idealfall folgt nach dem Abspann des Filmes an Bord des Flugzeuges das Anschnallsignal für die Landung.

Buschflieger Ein Profi, der mit allen Erschwernissen fertig wird. Der berufliche Werdegang ist schon früh vorgezeichnet. Am Anfang steht der Flugschüler, der sich wegen der Ausbildung verschuldet, dann als Ausflugspilot unbefriedigt ist, wegen des Finanzamts eine Arbeit im Ausland suchen muß, des-

Bodenpersonal

halb Länder und Leute kennenlernt und am Ende das Weite sucht – eben den Busch.

C

Charterflug Böse Zungen behaupten immer noch, Charterflugkunden seien eine bestimmte Gattung Mensch, die sich durch Geselligkeit, robustes Sitzfleisch und die Fähigkeit, stundenlang reglos in düsteren Wartehallen sitzen zu können, sowie durch sitzreihengenormte Körpergröße auszeichnet. Das ist falsch. Charterflieger haben lediglich die Anwendung der Formel: Abenteuergeist dividiert durch Urlaubsbudget perfekt anzuwenden gelernt.

Checkliste Gebetbuch aller Piloten. Wer mit eingeklapptem Fahrwerk landet, hat sie nicht ernst genommen.

Cockpit Allerheiligstes eines Flugzeuges, das sich meist vorne in der Maschine befindet. Das Betreten des Cockpits ist nur nach vorheriger Genehmigung des Flugkapitäns erlaubt. Von hier beten die Piloten mit unverständlichen, unterwürfigen Gebetsformeln die Götter im Tower an, dem Flugzeug gnädigst die Landung auf dem Flugplatz zu erlauben.

Copilot Derjenige im Cockpit, der das Flugzeug besser, sicherer, pünktlicher, schneller, ruhiger, zuverlässiger, mit weniger Spritverbrauch, mit besserem Start und mit schönerer Landung, mit zufriedeneren Passagieren und mit weniger

Cockpit

grauen Haaren zum Ziel gebracht hätte – wenn man ihn an den Steuerknüppel ließe.

D

Dame im Slip

Nichts Unanständiges. Es handelt sich um eine Pilotin, die den Seitengleitflug anwendet (siehe „Slip").

Doppeldecker

Der Doppeldecker hat eine doppelte Bedeutung. Zum einen steht Doppeldecker für einen ordentlich großen Schnaps in einer Fliegerkneipe, zum anderen ist ein Doppeldecker ein meist altes Flugzeug, das zwei übereinander angeordnete Tragflächen hat und Nostalgie-Fans allein durch den Anblick zu einer höheren Herzfrequenz verhilft.

Drink-Roulette

Wer kennt sich aus? In einer Kurve von 20 Grad bei gleichbleibender Höhe verhält sich zwölf Jahre alter schottischer Whisky im Glas des Passagiers:

a. das Getränk versucht das Glas nach links zu verlassen
b. es schwappt nach links
c. der Oberflächenspiegel paßt sich der Gradneigung an, der Flüssigkeitsspiegel ist parallel zum Glasboden
d. die Oberfläche fängt an, sich nach oben zu wölben und beginnt nach wenigen Minuten zu kochen,
e. hängt von der Blondine auf dem rechten Nebensitz ab.

Düse

1. Die Düse ist ein längliches Metallrohr, bei dem es vorne mächtig zieht und hinten tierisch drückt. Wird in der Luft-

Einweiser

Eisenbahnschienen

fahrt benutzt, um Geräte, die sonst nicht einmal eine Güterzug-Lokomotive ziehen könnte, in die Luft zu bringen (siehe „Großraumflugzeuge“).
2. Wenn einem Piloten die Düse geht (meist vor dem ersten Alleinflug), heißt das nicht, daß es ihn nach vorne zieht, sondern, daß ihn seine Innereien (hinten) drücken.

E

Einweiser Flughafenangestellter, der von seinem Vorgesetzten zu Zwecken der Körperertüchtigung auf das Vorfeld geschickt wird, um die Piloten der ankommenden Flugzeuge mit gymnastischen Übungen zu erfreuen. Wird von den Luftfahrzeug-Besatzungen recht unfein als Hampelmann bezeichnet.

Eisenbahnschienen Sie sind von oben deutlich zu erkennen und haben zwei Funktionen. Erstens: Sie weisen Personen-, Güterzügen und Schienenbussen ihren Weg zur nächsten Stadt. Zweitens: Sie weisen Piloten den Weg zur nächsten Stadt. Es bleibt die Frage, warum Piloten nicht gleich mit der Eisenbahn fahren. Mögliche Antwort: Eisenbahnen können nicht fliegen.

Erdsicht Für Sichtflieger ist Erdsicht praktisch lebensnotwendig, weil sonst das Gleichgewichtssystem durcheinandergerät. In unseren Breiten ist die Erdsicht aber eine seltene Erscheinung, die, tritt sie plötzlich auf, hektische Betriebsamkeit auf allen Flugplätzen auslöst.

F

Fallschirmspringer	Bedauernswerte Zeitgenossen, die so wenig Vertrauen in die Fähigkeiten ihres Piloten haben, daß sie es vorziehen, das jeweilige Luftfahrzeug bereits vor der Landung zu verlassen, um sich 80 Quadratmetern Stoff anzuvertrauen.
Ferry-Piloten	Wenn sich der Motor ihres Flugzeuges verschluckt, besuchen sie die Pinguine.
First Class	Für Passagiere, die in der First Class fliegen, gilt das Motto: „Sie bekommen alles, was sie wollen – mit Ausnahme der Stewardeß oder des Stewards."
Flautenschieber	Obwohl immer wieder Gegenteiliges gehört wird, ist ein Flautenschieber kein Arbeitslosenzahlen-vertuschender Politiker, sondern eine kurzzeitiger Aufwind, auch Nullschieber genannt, der Segelflieger bis in den nächsten Bart schiebt (siehe dort).
Fliegerei	(med.) Name eines Bazillus, der das Flugfieber auslöst. Besonders anfällig für den Bazillus sind diejenigen, die zum ersten Mal in einem Flugzeug sitzen. Wer von Fliegerei befallen ist, will nur noch eines: Fliegen. Flugfieber-Infizierte gelten übrigens als unheilbar.
Fliegersprache	Jargon, den Flieger (wie Soziologen, Psychologen, Philologen, Hirnologen) anwenden, damit Laien sie nicht verstehen und so eine gesteigerte Bewunderung zu ihnen entwik-

Fliegerei

Fluglehrer

keln. Sie approachen sich an einen Airport heran, descenden dann, beginnen mit dem downwind leg, gehen ins base und dann ins final über, checken noch einmal das Fahrwerk (gear down), und wenn das gear nicht down ist, dann crashen sie auf die Runway.

Flugbegleiter

Meist weibliche Personen an Bord eines Flugzeuges, die in mehr oder weniger hübschen Uniformen die Passagiere unterhalten sollen.

Flughandbuch

Die Bibel des Flugzeuges. Sie ist immer dabei und wird nie gelesen.

Flugkapitän

Uniformierte Person, meist männlichen Geschlechts, die an Bord von Flugzeugen die Aufgabe hat, das aktuelle Wetter am Zielort durchzusagen und die Passagiere an Bord zu begrüßen. Leicht zu erkennen an den vier goldenen Streifen auf der Schulter. Die einzelnen Streifen bedeuten (von unten nach oben): 1. kann lesen, 2. kann schreiben, 3. kann rechnen, 4. kennt einen, der fliegen kann.

Fluglehrer

Mensch, meist männlich, der auf dem Passagiersitz Platz nimmt und grundsätzlich schon vor dem Start seine große Klappe aufmacht. Meist pensionierter Haudegen (mit entsprechendem Ton) oder Alter Adler, der von der Messerschmitt oder Focke-Wulf auf Cessna umgestiegen ist.

Flugleiter

1. Hölzernes Steiggerät, das dazu dient, in ein Flugzeug einzusteigen.
2. Oberguru an einem kleinen Flugplatz, der die Aufgabe hat, den Platzverkehr zu regeln. Folgt ein Pilot nicht den

	Anweisungen des Flugleiters, so steigt der dem aufs Dach und reagiert unter Umständen recht hölzern.
Flugleiter-Anwesenheitspflicht	Bei Start und Landung muß ein Flugleiter am Platz sein. Das ist auf den Straßenverkehr übertragen etwa so, als ob an jeder Autobahn-Ausfahrt ein Fahrleiter postiert sein müßte. Aber beim Autoverkehr ist man vernünftiger.
Fluglotsen	Sind überfordert und unterbezahlt, haben Nerven wie Schiffstaue. Wenn sie sich an ihre Vorschriften halten, dann bricht der Flugverkehr zusammen. In den Zeitungen heißt es dann, sie streiken.
Flugplatz-Feuerwehr	Bestbezahlter und bestausgerüsteter Skatclub an einem Flugplatz. Die Anzahl der Clubmitglieder steht in direkter Relation zu der Größe des Flugplatzes. Sollte es tatsächlich mal einen Notfall geben, hilft die jeweilige örtliche Feuerwehr gerne aus und stellt den dritten Mann.
Flugschreiber	Buchhalter, der auf Anweisung der Reisebüros die Listen der Passagiere schreibt und die Plätze im Flugzeug vergibt. Ist im allgemeinen ziemlich unbestechlich.
Flugticket	Dokument, das alles wichtige über eine Beförderung per Flugzeug enthält: Flugziel, Abflugzeit, Flugnummer, Flugzeugtyp, Flugpreis, Zwischenlandungen, Nummer der Buchung, Datum des Abfluges, Dauer des Fluges, Zeitpunkt des Absturzes . . .
Flugvorbereitung	Was ist das?

Fly by wire

Flugzeug-Schlüssel	Zündschlüssel für Motormaschinen. Soll nach unbestätigten Meldungen einiger Angeber auch zum Beeindrucken naiver Mädchen gut sein. Führt dann – egal wie es ausgeht – zu einem Schlüssel-Erlebnis.
Fly-by-wire	Offizielle Bezeichnung für ein Flugzeug, das per Elektrodraht geflogen wird. Fly-by-wire bezeichnet aber auch Maschinen, die a. von einem Piloten namens Wire gesteuert werden b. eine so schlechte Stabilität haben, daß der Pilot ungeheuer auf Draht sein muß, um mit dem Flugzeug nicht den Boden zu küssen c. nur von einer besonders drahtigen Person gesteuert werden können, da sie so starke Steuerdrücke verlangen.
Follow-Me	Kein weibliches Flugzeug, obwohl alle Maschinen, denen auf dem Vorfeld ein Follow-Me zu nahe kommt, diesem folgen. Es ist ein reizvoller, auffallend zurechtgemachrer VW-Bus, der oft in derselben Halle übernachtet wie die Flugzeuge...
Fotografieren	Beliebte Beschäftigung für Mitflieger und auch Piloten. Führt bei den Fotografen beim Gedanken an „Freigabe" zu schlechtem Gewissen.
Frauen	Können auch fliegen, tun es aber selten. Ursache: Sie trauen es sich nicht zu. Und wenn doch, dann heißen sie Elly Beinhorn und müssen Brücken unterfliegen.

Follow me

Grasplatz

Funk

1. Kommunikationsmittel, das vordergründig dazu erfunden wurde, um eine Kommunikation zwischen Lotsen und Luftfahrzeugen sicherzustellen. In Wahrheit dient es nur dazu, dem Piloten das Gefühl zu geben, irgend jemand höre ihm zu.
2. Dient nicht etwa der Verständigung – das Gekrächze aus dem Lautsprecher versteht sowieso keiner. Funk dient zum Beeindrucken der Passagiere und Mitfliegerinnen. Deshalb ziehen es einige Piloten auch vor, auf deutschen Verkehrsflughäfen mit den deutschen Lotsen auf Englisch zu kommunizieren.
3. Ein alter Fluglehrer erzählte kürzlich, wie es früher war, und keiner glaubte es ihm. „Man kann", sagte er, „auch ohne Funk fliegen."

G

Geld

Entgegen allen Vorurteilen hat der Flieger keines. Er gibt es nämlich seinem Verein oder Vercharterer, damit er fliegen darf.

Geradeausflug

Fast nie erreichter Flugzustand, bei dem das Flugzeug auf kürzestem Wege vom Start- zum Zielort kommt.

Gewitter- und Wolkenflüge

Beweisen die enorme Stabilität der Flugzeuge, haben aber einen Nachteil: Sie verringern die Lebenserwartung des Piloten.

Gieren	Unfeiner Ausdruck für den Willen eines Piloten, mal wieder ein Flugzeug zu fliegen. Aber auch: Bewegen eines Flugzeuges um die Hochachse.
Giermoment	Ist der Moment, den ein Fluggast durchlebt, wenn die Stewardeß die heißhungrig erwarteten Mahlzeiten verteilt und ausgerechnet dem Sitzplatznachbarn das letzte Essen gibt. Kann aber auch den Augenblick bezeichnen, in dem der Pilot oder der Co mit trockner Kehle an das Gelage vom Vorabend denkt.
Gleitflug, motorloser	Damit ist der Zeitraum zwischen der schweißtreibenden Erkenntnis, daß der Motor ausgesetzt hat, und der Landung gemeint.
Grasplatz	Trainiert Augen und Kombinations-Fähigkeit des Piloten, denn er ist nie da, wo er der Karte nach sein sollte.
Großraumflugzeug	Ein Großraumflugzeug ist eine Kreuzung zwischen einem Wohnsilo und einem fliegenden Elefanten. Deshalb heißt das größte Großraumflugzeug auch Jumbo-Jet (siehe dort).
Gummiseil	Riesengroße Präzisions-Zwille, mit der Segelflieger auf der Wasserkuppe keine Stahlkugeln, sondern sich gegenseitig in die Luft schossen. Heute nicht mehr zeitgemäß. Ist ersetzt durch Startwinde und Schleppflugzeug.
Gustav	Piloten heißen in der Frühzeit der Fliegerei immer Gustav, die Copiloten Franz (daher das Franzen). Sogar offiziell: Das Zeichen „JJJ“ hieß „durchstarten“ oder: „Justav jib Jas!“

high tech

H

Hallentore	Haben bei Segelfliegern magische Bedeutung. Zwei Zitate: „Heute ist so ein Hammerwetter, daß sogar die Hallentore fliegen würden“, sagen manche, und andere, meist Fluglehrer, meinen mit herrischem Ton: „Wer morgens beim Öffnen der Hallentore nicht am Platz ist, der fliegt nicht.“
High-Tech	Geht geräuschlos am Motorflug vorbei. Die Antriebe sind fast alle in den vierziger Jahren konstruiert, die Flugzeuge ebenfalls, und wenn es mal was Neues gibt, dann ist es unbezahlbar.
Höhenmesser	Scharfkantiges Werkzeug, mit dem ein Luftfahrzeug ab einem bestimmten Höhenband die Schallmauer leise durchschneiden kann.
Holm- und Rippenbruch	Heute nicht mehr üblicher Fliegergruß aus der Pionierzeit. Geriet in Vergessenheit, weil solche Bauteile heute kaum mehr in Flugzeugen Verwendung finden.
Hummel	Insekt, das die Konstrukteure aller Generationen faszinierte. Es ist noch nie gelungen, ein Fluggerät ähnlicher Schwerfälligkeit in die Luft zu bringen.
Hupschrauber	Fluggerät, das einem umgedrehten Rasenmäher mit überdimensionalen Schneidmessern nicht unähnlich sieht. Wird grundsätzlich nur von zwei Piloten geflogen. Einer muß nämlich hupen, der andere schrauben.

Hupschrauber

I

Ikarus	Flieger der Frühzeit. Er kannte noch keinen Alleskleber und benutzte stattdessen Wachs.
IMC	IMC ist die Fortsetzung des guten Wetters mit anderen Mitteln (siehe auch „Nullsicht").
Innovation	Eine dynamisch geleitete Fluggesellschaft lebt von der Innovation. Es geht darum, Kapital so einzusetzen, daß der Fluggast immer das bekommt, was gerade „in" ist und bei der Konkurrenz noch nicht eingeführt wurde. Flexibles Management ist deshalb sehr wichtig. Verlangt der Zeitgeist zum Beispiel rustikales Fliegen, müssen eben dynamische Verträge mit den Museen ausgehandelt werden. Jets rein, Bücker raus . . .

J

Jahresnachprüfung	Von Flugzeugbesitzern gefürchtet wie der Teufel. Ist gleichbedeutend mit dem Ausstellen größerer Schecks. Führt immer wieder zu Entschlüssen, die später widerrufen werden müssen: Zuerst wird geschworen, mit der Fliegerei ganz aufzuhören. Dann nimmt man sich vor, zumindest das Flugzeug abzustoßen, dann beschließt man wegen der schlechten Marktlage, den Verkauf noch ein Jahr aufzuschieben, und dann fängt die Sache von vorn an.

Innovation

Ju 52

Ein Flugzeug, das viel mit Bären gemeinsam hat. Es wurde viel gejagt und abgeschossen und ist trotzdem nicht ausgestorben. Es ist gutmütig, ohne schwerfällig zu wirken; ist kraftvoll und doch elegant. Erregt Aufsehen, wo es hinkommt, und brummt zufrieden, wenn es bewegt wird.

Jumbo-Jet

Ausdruck der krankhaften amerikanischen Gigantomanie. Boshafte Zeitgenossen bezeichnen den Jumbo-Jet die einzige Alternative zur Behebung der Platznot auf Flugplätzen, weil man mit normalen Flugzeugen ohne weiteres unter einem Jumbo parken kann.

Jungfernflug

Gruppenreise eines Damenclübchens mit ungewissem Ausgang.

K

Kaffeemaschine

Wichtigstes Unterscheidungsmerkmal der neuen Boeing 737-300 zu ihren Vorgängermodellen. Neben geringfügiger Verbesserung der Leistung und einer ebenso geringfügig verbesserten Treibstoffeinsparung konnte bei der 737-300 endlich eine revolutionäre Qualitätsverbesserung des Kaffees erreicht werden – dank einer kompletten Neukonstruktion der Kaffeemaschine in der Bordküche. „Diese geht allerdings einher mit einer," so ein Sprecher einer Fluggesellschaft, „bedauerlichen Gewichtszunahme von 5,32 Kilogramm."

Jumbo-Jet

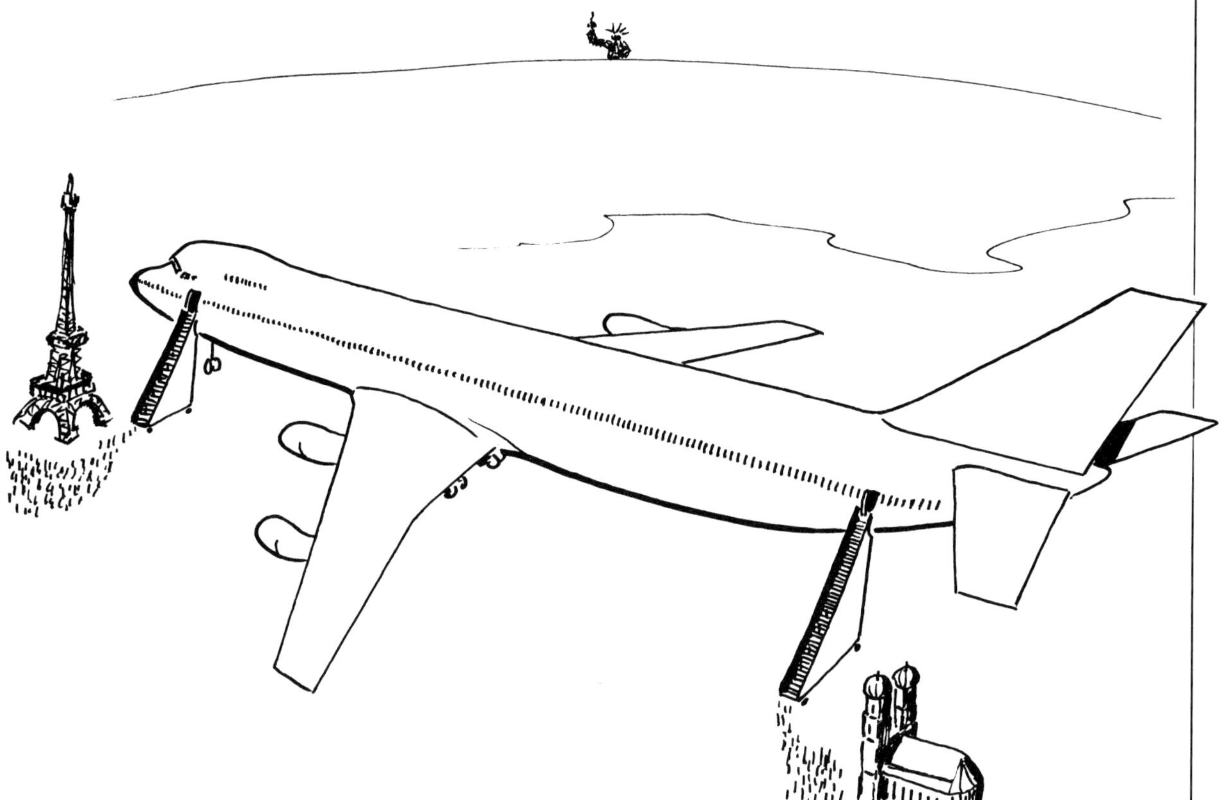

Kapazität

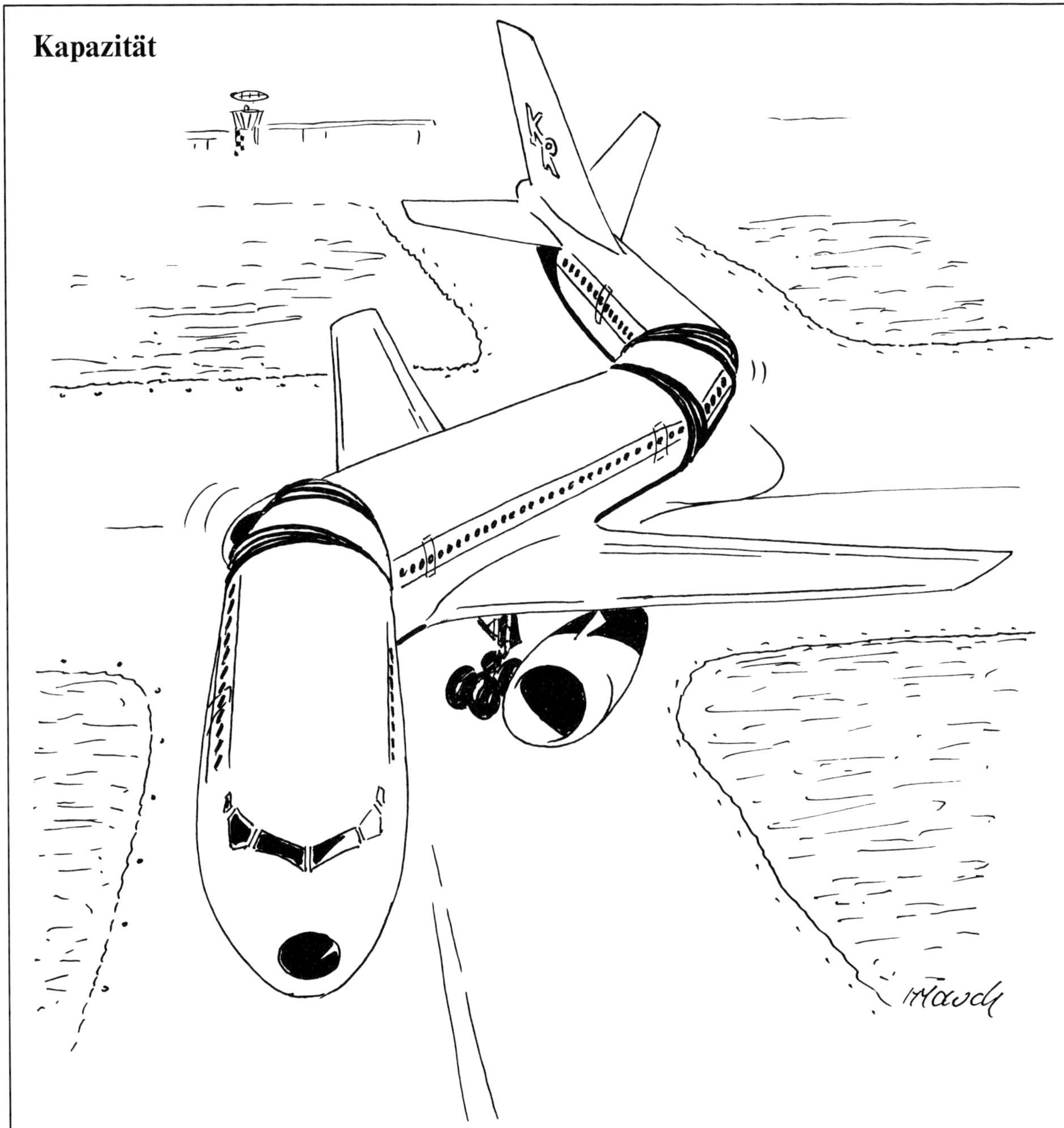

Kapazität

Gewinn macht nur die Fluggesellschaft, die auf ihren Linien je nach Kapazität die richtigen Flugzeuge einsetzt. Vor allem, wenn beliebte Ferienziele angeflogen werden sollen, gibt es immer wieder Probleme. Jumbo-Jets, die ausreichend Fluggäste mitnehmen könnten, haben Probleme auf den engen Rollwegen der Flughäfen. Im Auftrag einer Chartergesellschaft soll jetzt bei Airbus Industries in Toulouse ein Prototyp des A 370 KR gebaut werden. KR steht für Knickrumpf und soll die geschilderten Probleme alle lösen.

Karte

Stück Papier, das einer Luftfahrzeug-Besatzung in der Regel den Weg von einem Startflugplatz zum Zielflugplatz zeigen soll. Verhindert wird dies ebenso regelmäßig durch die Tatsache, daß

a. die Karte zu alt ist
b. die falsche Karte an Bord ist
c. die Karte falsch gefaltet ist
d. niemand an Bord die Karte lesen kann
e. a+b+c+d

Kerosin

Ist chemisch dem Petroleum nicht unähnlich, aber mit besserem Image behaftet. Im Gegensatz zu Petroleum stinkt es nicht: Kerosin versprüht den Duft der großen, weiten Welt auf den Vorfeldern der Flughäfen.

Knoten

Der Fahrtmesser (Flugzeug-Tacho) zeigt die Geschwindigkeit in Knoten an und die rechnet man in Kilometer pro Stunde um, indem man die Knoten-Zahl verdoppelt und zehn Prozent abzieht – so die gängige Legende. Sie stimmt aber nicht, hier ist die Wahrheit: „Landeanflug mit 70 Knoten“ heißt, der Pilot hat sich 70 Knoten in sein Taschentuch geknüpft, damit er nicht vergißt, vor dem Aufsetzen das Fahrwerk auszufahren.

Kohle Spielt in der Fliegerei eine wichtige Rolle. Die Fluggäste benötigen eine gewisse Menge dieses Rohstoffes, um überhaupt einen Platz buchen zu können. Die Gesellschaften benötigen ihn, um den Betrieb aufrecht zu erhalten, Billiganbieter auf der Atlantikstrecke verschwinden oft sang- und klanglos, weil ihnen die Kohlen ausgegangen sind. Nur die Linien, die den wirtschaftlichen Einsatz der Kohle im Preis-Leistungsverhältnis beherrschen, behalten am Jahresende Kohle auf der Habenseite der Bilanz. Daher auch der Begriff „schwarze Zahlen schreiben“.

Kompressor-Stall In der Landwirtschaft gebräuchliche Bezeichnung für einen kleinen Geräteschuppen. In der Luftfahrt war „Kompressor-Stall“ als das letzte Wort vieler Starfighter-Piloten bekannt.

Konturenflug Das teilweise oder gänzlich versteckte Fliegen von Hubschraubern und Flugzeugen hinter Baumkulissen oder Geländehindernissen. Wird in Friedenszeiten gern von Militärpiloten geübt, um ahnungslose Spaziergänger zu erschrecken.

Kotztüte Multifunktionales Prüfgerät, das je nach Füllungsgrad die Qualität eines Piloten oder aber die Eignung eines Mitfliegers als Passagier anzeigt.

Kompressor-Stall

Kunstflug Beliebte Veranstaltung von Charterfluggesellschaften. Liebhaber von alten Skulpturen, Bildern und Theaterstükken buchen immer wieder gerne bei Kunstfliegern.

L

Landebahn Ist das, was der Pilot zu treffen versucht. Kann aus Beton, Asphalt oder aus Gras sein. Ist bei der Landung keine Landebahn vorhanden, dann spricht man von einer Außenlandung (siehe dort).

Landegebühr Betrag, den der Pilot oder die Luftfahrtgesellschaft nach der Landung eines Flugzeugs auf einem Flugplatz zu entrichten hat, damit die Verwaltungskosten zum Eintreiben der Landegebühren gedeckt werden.

LBA Luftfahrt-Bundesamt in Braunschweig. Wurde lange als das größte unbeleuchtete Luftfahrt-Hindernis beschimpft. Das ändert sich jetzt, unbestätigten Gerüchten zufolge: Das LBA soll nachts beleuchtet werden.

Leinen los Beliebtes Kommando zum Start. Vor allem bei Piloten, die bei den Marinefliegern ausgebildet worden sind.

Leporello Ein in letzter Minute vor dem Autofriedhof geretteter Wagen, mit dem Windenseile ausgezogen werden. Wird von minderjährigen Segelflugschülern erstaunlich präzise gesteuert. Hat seinen Namen von Opel. Aus unerfindlichen

Landegebühren

Luftstraßen

Gründen wird „Oller Opel" rückwärts gelesen. Dient auch (auf dem Flugplatz bei schlechtem Wetter) als Fahrschulwagen für 14jährige.

Lernziel

Das, was jeder Flugschüler am Anfang seiner Ausbildung genau vor Augen hat und was nach den ersten Stunden in weite Ferne rückt, um dann bei den ersten Flugstunden ganz am Horizont zu verschwinden. Danach erscheint es noch hin und wieder schemenhaft. Die Distanz zum Lernziel wird besonders schmerzlich empfunden, wenn man Kontoauszüge während der Ausbildung zu lesen versucht. 1000er-Schritte wiegen wie Keulenschläge auf den geplagten Schüler.

Luftstraße

Autobahnähnlich ausgebaute Rennstrecke im oberen Luftraum. Die Luftstraße ist Tummelplatz für Airlines aller Herren Länder. Aus diesem Grund sind die Luftstraßen auch meist überlastet. Daß verschiedene europäische Regierungen im Bereich ihrer Luftstraßen Platzkartenzwang einführen wollen, entbehrt jeder offiziellen Bestätigung.

M

Meteorologe

Mit teurem Geld ausgebildeter, hochspezialisierter Berufspessimist, der häufig an größeren Flugplätzen anzutreffen ist. Bezieht sein Gehalt dafür, daß er besser als andere weiß, wann sich das nächste Gewitter über dem Flugplatz ergießt.

Meteorologie

Meteorologie

Wissenschaft, die oft falsch geschrieben wird (Meteorolügie). Sie hat die Aufgabe, das Wetter vorherzusagen, was aber nicht immer gelingt. Allerdings hat die Meteorologie in letzter Zeit enorme Fortschritte gemacht, denn mittlerweile können die Meteorologen (siehe dort) erklären, warum das Wetter, das sie vorhersagten, nicht eingetroffen ist.

Mindestflug-geschwindigkeit

Die Mindestfluggeschwindigkeit wird für jedes Flugzeug bestimmt. Sie ist eine Angabe, um die Autofahrer die Piloten beneiden. Wird im Gegensatz zur Höchstgeschwindigkeit auf der Straße nicht mit Radar kontrolliert, denn unterschreitet man die Mindestfluggeschwindigkeit, fällt das Flugzeug sowieso vom Himmel.

Montgolfiere

Mittels Heißluft aufgeblasenes Stück Papier, das sich im Jahre 1783 erstmals in die Luft erhob. Heute heißen Montgolfieren Heißluftballone, sind aber manchmal immer noch so aufgeblasen. Da die Piloten von Ballonen sich von normalen Piloten unterscheiden wollen, nennen sie sich Ballonfahrer und fliegen nicht durch die Luft, sondern fahren. Wer trotzdem „fliegen" sagt, der wird sofort in die nächste Gaststätte gefajren, wo er in fliegender Eile eine Runde rüber„fahren" muß!

N

Navigation

Ist die Kunst, auf einer falsch gefalteten Karte eine viel zu dünn eingezeichnete Strecke zu finden und dabei einen

Navigationsflug

Kurs zu fliegen, den es auf dem Kompaß nicht zu geben scheint.

Navigationsflug

Spätestens nach diesem Flug fühlt sich jeder halbwegs trainierte Flugschüler als Buschpilot, der gerade eine Ladung Ahornsirup und Büchsenbier in eine entlegene Holzfällersiedlung in Alaska gebracht hat. Schluß mit den Träumen: Der Navigationsflug gehört zur Ausbildung. Mutterseelenallein muß der Flugschüler ein Dreieck von 300 Kilometern fliegen. Es ist ein unvergeßliches Abenteuer, auch für den Fluglehrer, der zu Hause bleiben muß, die Verantwortung trägt und hofft, daß sein Schüler in diesem Moment nicht gerade in einem Anflugsektor herumschwirrt und den Betrieb an einem Verkehrsflughafen lahmlegt. Zynische Menschen vermuten hier den Grund, warum manche Fluggesellschaften ihre Piloten über der Wüste von Arizona ausbilden.

Near Miss

Near Misses, also gefährliche Begegnungen in der Luft, kommen immer wieder vor. Während nämlich die Hersteller kleiner und großer Flugzeuge bemüht sind, immer mehr Luftfahrzeuge flügge zu machen, ist es noch nicht gelungen, den Luftraum zu erweitern. Fast jeder Pilot weiß Geschichten über „Begegnungen der dritten Art“ zu erzählen. Meist werden sie aber dramatischer geschildert, als sie tatsächlich waren.

Nieten

Nicht nur unter den Piloten sind Nieten aus der Mode gekommen. Auch am Flugzeug sieht man sie nicht mehr gerne. Kunststoff ist der Baustoff, aus dem die Fliegerträume sind. Die beliebteste Werkstatt ist nicht mehr der offizielle luftfahrttechnische Betrieb, sondern die heimische Garage. Dort wird kunstgeharzt, geklebt, geformt und gepinselt, was das Zeug hält.

Notausgang Hier gilt die eiserne Regel: Der Notausgang darf nicht im Fluge benutzt werden. Wer dagegen verstößt, macht einen Freiflug – aber ohne Flugzeug.

Notlandung Die bei der Schulung am meisten geübte und in der Praxis am wenigsten vorkommende Art, ein Flugzeug unter Verwendung von einigen Litern Schweiß und einigen Gramm Adrenalin dahin zu bringen, wo es nach den Gesetzen der Schwerkraft in Ermangelung des ausgefallenen Motors hinwill. Funktioniert nach der Notlandung am Flugzeug noch alles, spricht man von einer Außenlandung (siehe dort). Funktioniert nichts mehr, so spricht man von einer Bruchlandung.

Notwasserung Der verzweifelte Versuch, ein motorgetriebenes Landflugzeug bei Motorausfall beim Fehlen von geeigneten Landeplätzen auf dem Wasser herunterzubringen. Die Landung sollte den Ausbildungshandbüchern zufolge immer in Richtung Ufer erfolgen, damit die Schwimmstrecke zum Ufer für den Piloten möglichst kurz ist.

Nullsicht Meteorologische Bedingung, die gegeben ist, wenn selbst die Saatkrähen von den Dächern und Bäumen herabklettern, um zu Fuß zu gehen.

Near miss

P

Perfektion

Nicht nur die Technik des Flugzeuges wurde immer wieder verfeinert. Auch die Piloten, die in den Pionierjahren der Fliegerei eben nur Pioniere waren, sind heute so perfekt, daß der Fluggast sich den Blick ins Cockpit sparen kann. Die neue Generation von Piloten zeichnet sich aus durch Reaktionsschnelligkeit, Entscheidungsfreudigkeit, Dauerbelastbarkeit, Präzision, Genügsamkeit und Rostfreiheit . . .

Pilotenkoffer

Wichtigstes Utensil eines jeden Flugschülers, damit er auch von jedem als Pilot erkannt wird, sollten diese einmal seine Pilotenjacke, sein Pilotenhemd, seine Piloten-Sonnenbrille oder seinen Pilotenschlips übersehen haben. Für die Aufbewahrung der Karte, des Flugplanungscomputers und des Kniebretts reicht eine Plastiktüte.

Pistenbefeuerung

Besonders bei Flugschülern beliebte, pistenmarkierende Lichterkette, die anhand der ausgelöschten Lampen die Anzahl der mißlungenen Landungen anzeigt.

Platzrunde

Bezeichnung für einen berstenden Fliegerstammtisch, aber auch für ein festgeschriebenes Flugverfahren in der Nähe von Flugplätzen.

Positionsleuchten

Auch Navigationslichter genannt, obwohl sie nichts mit Navigation zu tun haben. Es blitzt, blinkt und leuchtet nachts an Flugzeugen wie auf einem Rummelplatz, aber nach strengeren Regeln: Blitzen tut's weiß und blinken rot,

Notwasserung

Propfan

jeweils in alle Richtungen. Weiß strahlt es nach hinten und bei Start und Landung zusätzlich nach vorn, nach links leuchtet es rot, nach rechts grün (hat nichts mit Politik zu tun). Besserwisser sprechen den Fliegern Phantasie ab; sie behaupten, sie hätten das Prinzip und die Farben ihrer Lichter, Blitze und Leuchten von der Schiffahrt abgeguckt. Das kann aber nicht sein: Wer hat schon mal ein Schiff mit Landescheinwerfern gesehen?

Preise

Alles ist überteuert. Eine Glühbirne, die an der Tankstelle fünf Mark kostet, ist für ein Flugzeug nicht unter 50 Mark zu haben. Dafür hat sie eine Prüfnummer. Daß sie auch länger leuchtet, garantiert keiner.

Privatpiloten

Sündenböcke der Fliegerei. Sie werden von den großen Verkehrs- und Chartergesellschaften sogar für Verspätungen verantwortlich gemacht, die im oberen Luftraum entstanden sind, wo aber Privatpiloten mit ihren Maschinen nie anzutreffen sind. Sogar der „Spiegel" glaubt's und druckt es ab.

Propeller

Häufig am vorderen Ende eines Luftfahrzeuges anzutreffendes, meist mehrblättriges Holz-, Kunststoff- oder Metallgestell, das je nach Länge beziehungsweise Kürze die Anzahl der Schülerlandungen anzeigt.

Propfan

Nicht, wie vielfach angenommen, eine Kombination aus einem Propeller- und Strahltriebwerk, sondern ein in die Jahre gekommener Anhänger einer längst veralteten Flugzeuggeneration.

Q

QDM Sich einbürgernde falsche Schreibweise für eine europäische Währungseinheit, die den agrarischen Charakter Europas hervorheben soll. Die richtige Schreibweise lautet Kuh-DM.

Quatschen Beliebteste Beschäftigung vieler Segelflieger am Funk. Da heißt es dann beispielsweise: „Mensch Kurt, komm rüber, hier unter der Wolke hängt ein Riesenbart!“ Antwort: „Ich sauf jetzt ab, wir sehen uns heute abend in der Kneipe.“ „Geht nicht, da bin ich noch nicht aus dem Bart raus.“

Quebec Kanadische Stadt, die zu den am häufigsten genannten Städten in der Fliegerei gehört. Statt den Buchstaben Q auszusprechen, sagen Piloten Quebec und zeigen damit ihre Welterfahrenheit.

Querachse Wird bei Schulflugzeugen zuerst ausgebaut und bei der Überholung ausgetauscht, weil sie bei den Übungslandungen in Mitleidenschaft gezogen wird.

Querelen Gibt es unter Fliegern nicht, da sich alle mögen. Die Linienpiloten mögen die Privatpiloten, die Privatpiloten die Militärpiloten und die Militärpiloten die Segelflieger. Und da alles so schön harmonisch abläuft, mögen alle Piloten die Lotsen am liebsten.

Querachse

Rückenflug

R

Reichweiten-Verlängerer

Gefäß verschiedenster Form, Farbe und Größe, das bei langen Strecken und zuviel Kaffeegenuß zum Einsatz kommt. Für die Berechnung der Flugzeit mit dem Reichweiten-Verlängerer kommt folgende Formel zur Anwendung:

$$\frac{\text{Anzahl der getrunkenen Tassen Kaffee} \times \text{Volumen der Passagierblase in ccm}}{\text{Volumen des Reichweiten-Verlängerers} \times \text{noch zu fliegende Strecke in NM}} =$$

Zeit bis zur Kabinenüberflutung

Ringelpietz

Bewegung um die Hochachse eines Flugzeuges, die entsteht, wenn die Erde ein rollendes Flugzeug beim Tragflächenende packt. Der Volkstanz Ringelpietz hat sein Vorbild in den Bewegungen eines Fluglehrers, der sein Flugzeug einen Ringelpietz machen sieht.

Rückenflug

Sonderform des Fliegens. Kann entweder gewollt sein, dann sind sowohl Flugzeug als auch Pilot darauf vorbereitet, oder ungewollt passieren. Dann allerdings gibt der Flugzustand zu denken. Die Chronik weiß von Fällen zu berichten, in denen die Normalfluglage wieder eingenommen werden konnte.

Rust, Mathias

Betrachtete den Roten Platz in Moskau als zwar kurze und nicht unproblematische, aber trotzdem willkommene Landebahn und brachte die Cessna 172 so weltweit in die Schlagzeilen. Er hat aber nichts davon, aus zwei Gründen: Das Objekt (Cessna 172) wurde zum Zeitpunkt der internationalen Promotion nicht mehr hergestellt. Von der Marketing-technischen Seite betrachtet war der Flug also ein

Schuß in den Ofen. Zum zweiten waren Rusts russische Richter mit seinem Tun nicht ganz einverstanden. Sie verwahrten die Cessna kurzfristig in einer Halle und den Piloten längerfristig hinter Gittern.

S

Saufen

Segelflieger-Jargon mit doppelter Bedeutung. Tagsüber meinen sie damit das zwangsweise Fliegen im Abwind, das zu einer beschleunigten Vertikal-Bewegung nach unten führt. Abends und bei Regenwetter erfährt das Wort eine Bedeutungs-Änderung: Da steht der Segler in der Halle, der dazugehörige Pilot ist in der Nähe eines Bierfasses zu finden. Dann beginnt er zu saufen. Zuerst auf dem harten Boden der Tatsachen, dann mit zunehmendem Pegel fängt er doch wieder an, zu schweben.

Scheunentore

Haben nichts mit Hallentoren zu tun. Respektlose Bezeichnung für auftrieberhöhende Klappen aller Art („Die Scheunentore ausfahren“).

Schleppflug

Die zulässige Verbindung zweier unterschiedlicher Flugzeuge. Meist wird dabei vorne eine Motormaschine angebunden und das andere Ende ist für ein Segelflugzeug reser-

Ringelpietz

viert. Sollte es andersherum vorkommen, ist etwas falsch gemacht worden. In diesem Fall ist der Flugleiter (siehe dort) gefordert, entweder die Schleppverbindung oder den Zustand der Piloten zu überprüfen.

Schleudersitz Bei Militärjets noch häufig verwendete Einrichtung, die zur Rettung des Piloten in Notfällen gebraucht wird. Durch Raketenschub wird er samt Pilotensitz aus dem Cockpit seines Jets katapultiert. Bei gewöhnlichen Reiseflugzeugen ist diese Einrichtung genauso überflüssig geworden wie bei Segelflugzeugen. Dort wurden Schleudersitze nämlich ebenso abgeschafft wie Notfälle.

Schwamm und Seife Von Segelfliegern oft benutztes Werkzeug, um das letzte Staubkorn von der Maschine zu wischen und so die Gleitzahl um ein Nullkomma-irgendwas zu erhöhen. Motorflieger scheinen Schwamm und Seife nicht zu kennen.

Segelflieger, zwangsweise Motorpiloten, denen der Antrieb seinen Dienst versagt. Nach strengen juristischen Maßstäben sitzen sie dann in einem Segelflugzeug und dürfen es gar nicht steuern, wenn sie keine Segelflug-Lizenz haben. Dieser Passus wird aber selbst von bebrillten und paragraphenstrengen Rechtskundlern nicht so genau genommen.

Segelflugzeuge, deutsche Absolute Spitzenprodukte, aber nach den Worten eines Konstrukteurs nur deshalb, weil die Deutschen wegen des permanent schlechten Wetters gezwungen sind, das Letzte aus ihren Seglern herauszuholen.

Schleudersitz

Simulator

Sensibilität

Alle Vielflieger wissen, moderne Jets sind wie eine Diva: Sie sind feinfühlig und sensibel. Mal sind sie gut drauf, dann könnte man mit den fliegenden Damen Weltumrundungen machen. Dann sind sie wieder so feinfühlig und schüchtern, daß sie kaum auf die Piste zu bewegen sind.

Sicherheitsmindesthöhe

Eine meist als unnütz empfundene Schutzmaßnahme für Erdbewohner. Sie wird vor allem von Militärpiloten gerne ignoriert. Anzeigen sind selten, denn sie können nur erfolgen, wenn sich die Hobbygärtner oder Sonnenanbeter am Boden das Flugzeugkennzeichen merken können. Das kann durch gezieltes Einsetzen des Überschallknalles verhindert werden. Hubschraubern ist eine weitere Tarnungsmöglichkeit gegeben: der Konturenflug (siehe dort).

Sidestick

Seitlich in einem modernen Flugzeug angebrachter Steuerknüppel (siehe dort), der von einem Computer so perfekt gesteuert wird, daß der Pilot den Eindruck hat, er und nicht der Computer fliege.

Simulator

Modernes Foltergerät. Es sieht innen aus wie ein Cockpit und vermittelt sogar ein realistisches Fluggefühl. Benutzt wird es angeblich zum Training und zur Überprüfung von Flugzeugführern. Böse Zungen behaupten, die Simulatoren seien nur deshalb angeschafft worden, damit Piloten auch ohne Flugzeuge ihre Arbeitsstunden zusammenbekommen.

Piloten suchen Simulatoren in periodischen Abständen auf. Sie versuchen im Simulator all das zu erleben, was ihnen in der fliegerischen Praxis versagt bleibt. Perfekte Si-

Startbahn

mulatoren ab einem Kaufpreis von mehreren Millionen Mark sind bei den Airlines besonders beliebt. In ihnen können die Piloten problemlos die Grenze zwischen Traum und Wirklichkeit vergessen. Je perfekter aber der Simulator, desto schwieriger die Rückfindung zur Realität für den Benutzer.

Slip

1. Nicht das, was sie denken – Sie lesen ein seriöses Buch. Der Slip wird im Behördendeutsch „Seitengleitflug“ genannt. Angeblich sicherster Flugzustand, bei dem die Maschine mit einem Flügel nach unten und mit der Nase nach rechts- oder links-oben zeigt. Das Flugzeug sinkt gewaltig, ohne dabei schneller zu werden. Hauptsächlich Segelflieger slippen, wenn sie ausnahmsweise mal runter wollen.
2. Neben der Bezeichnung eines beinlosen Damenunterhöschens wird in der Fliegersprache mit Slip ein Seitengleitflug bezeichnet, der Passagieren so schlimm vorkommt, daß sie danach häufig den Slip wechseln müssen.

Stallspeed

Ein Begriff aus der Landwirtschaft. Basiert auf der Beobachtung von Stieren. Wenn sie abends die Nase nach unten senken und beschleunigen, um in den Stall zu kommen, tun sie ganz ähnliches wie die Flugzeuge, die zu langsam geflogen werden. Auch sie senken die Nase und nehmen Fahrt auf.

Startbahn

Beton, der die Welt bedeutet. Passagiere hoffen regelmäßig, daß die Startbahn so lange unter den Rädern bleibt, bis das Flugzeug abgehoben hat. Piloten haben da mehr Gewiß-

	heit: Sie sehen beim Start das Ende der Startbahn auf sich zukommen.
Startschreiber(in)	Sitzt im Startwagen (siehe dort) und schreibt Start- und Landezeiten auf. Das ist wichtig für die Belastung der Fluggeld-Konten. Der Startschreiber ist meist ein Mädchen und wird daher gern in ein Gespräch verwickelt.
Startwagen	Gefährt, das wirklich jeden TÜV-Ingenieur zum spontanen Stoßgebet veranlassen würde. Meist umgebauter Gemüse-Verkaufswagen, der am Startplatz steht und einem talentierten Nachwuchs-Flugleiter Schutz vor der Außenwelt bietet. Der Mini-Flugleiter ist meist ein Mädchen, die Funktion nennt sich Startschreiber(in) (siehe dort).
Steuerdruck	Last, die auf die Luftfahrt drückt, seit Flugbenzin versteuert werden muß.
Steuerhorn	Erinnert an einen Stier, bockt auch manchmal so. Ein rotes Hemd des Piloten hat darauf aber keinen Einfluß.
Steuerknüppel	Heinz Rühmann („Quax, der Bruchpilot") machte ihn vor einem großen Kino-Publikum berühmt: Er warf ihn zum Schrecken der Zuschauer über Bord. Böse Fluglehrer benutzen den Steuerknüppel auch, um ihren vorne sitzenden Schülern auf die Schulter zu schlagen. Bei Frauenrechtlerinnen ist der Steuerknüppel nicht gut angesehen: sie lehnen ihn als Phallus-Symbol ab.
Streß	Flugzeugführer sind dieser Zeiterscheinung besonders stark ausgeliefert. Obwohl die Arbeit im Cockpit keinerlei Kraft

Steuerdruck

Tankanzeige

erfordert, haben Kapitäne während eines Fluges schon kiloweise an Gewicht verloren.

Sturzflug

Äußerst selten angewandte Methode, lästige und schwatzhafte Passagiere auf einen Schlag zum Schweigen zu bringen. Wird von vielen Piloten nicht gemacht, weil sie es selbst nicht vertragen.

Superman

Von amerikanischen Comiczeichnern in die Welt gesetzte Figur, die von Flugzeugherstellern vehement bekämpft wurde. Originalzitat aus dem Feldzug gegen Superman: „Da könnte doch jeder daherkommen und ohne Flugzeug in die Luft gehen wollen!"

T

Take-off-clearance

Wenn ein Flugzeug auf der Startbahn (siehe dort) steht und der Pilot per Sprechfunk um die Take-off-clearance bittet, ist der Zeitpunkt erreicht, an dem man letztmalig panikartig das Flugzeug verlassen kann. Später empfiehlt es sich, zu diesem Zweck zumindest einen Fallschirm mitzunehmen. Der Erhalt der Take-off-clearance (Freigabe zum Start) bei gleichzeitigem Anrollen des Flugzeuges ist also der Moment, an dem sich der Mitflieger den Aufbewahrungsort des Schirmes in Erinnerung rufen sollte.

Tankanzeige

Für manche Piloten schöner als ein Spielautomat. Wird auch zum russischen Roulette verwendet. Eine weitere

Gattung von Piloten weiß dieses Kraftstoff-Anzeigeinstrument perfekt zu ignorieren. Flugschüler bei ihrem ersten alleinigen Überlandflug beobachten die Tankanzeige überdurchschnittlich oft.

Taxiways Nur Laien halten sie für besondere Fahrspuren auf Flugplätzen, die Taxis vorbehalten sind, um verspätete Fluggäste Hals über Kopf an den Urlauber-Jet zu bringen. Wenn der schon auf der Startbahn (siehe dort) steht und aus allen Triebwerken faucht, dann hilft kein Taxi mehr. Zurückfauchen beruhigt.

Technologie Gerade im Flugzeugbau ist man immer wieder auf bewährte Technologien aus anderen Bereichen angewiesen. Übernahmen aus der Schienenbeförderung und aus der Schiffahrt hielten sich jedoch in Grenzen.

Testpiloten Haben blendendes Image bei Unkundigen und Erfolge bei Frauen. In der Realität ist ihre Arbeit oft recht banal, wie zum Beispiel das Ermitteln des Benzinverbrauchs eines Motors, der einen neuen Propeller verpaßt bekommen hat.

Tiefflug Meist Flüge militärischer Luftfahrzeuge in einem Höhenband zwischen Elchgeweih- und Ameisenkniehöhe. Unwahr ist, daß kürzlich eine Phantom während einer Tiefflugübung mit einer U-Bahn zusammengestoßen sein soll. Diese Nachricht wurde wahrscheinlich mit einem Entenflugzeug überbracht.

Toilette Einrichtungsdetail, das vor allem bei Kleinflugzeugen immer wieder zu Problemen führt, weil es nicht vorhanden ist.

Taxiway

Der Gedanke daran führt zum Blick auf die Karte und der Suche nach einem Landeplatz. Dieser ist meist dann gerade nicht vorhanden, wenn Pilot oder Mitflieger langsam den strengen Blick bekommen, zuerst die Lippen zusammenkneifen und dann die Beine. Bis zu diesem Punkt wurde der Zustand der Flieger schon öfter dokumentiert. Was dann allerdings geschieht, fällt unter den Begriff „Individuallösung".

Touch-and-go Ein Touch-and-go ist nicht etwa ein flüchtiges erotisches Abenteuer, sondern das Aufsetzen und Durchstarten eines Flugzeuges auf einem Flugplatz.

Triebwerk Begriff aus der Kriminalistik. Die Täter, die meist aus sexuellem Zwang heraus handeln, hinterlassen das Triebwerk meist am Tatort.

Trudeln Flugzustand, den Flugzeuge in Fliegerfilmen grundsätzlich einnehmen, bevor sie abstürzen. Ein Flieger definierte Trudeln so: „Trudeln nennt man jene Kunst, die manchmal aus blauem Dunst, schneller als man Lust verspürt, jäh zurück zum Erdreich führt."
Trudeln ist der kürzeste Weg, senkrecht nach unten zu kommen. Das Flugzeug bewegt sich dabei kreisend wie eine Katze, die ihren eigenen Schwanz fangen will. Führt zu Schweißperlen auf den Stirnen aller Beteiligten.

Turbulenz Häufig gebrauchte Ausrede eines Piloten, der so fliegt, daß die Passagiere die Kaffeetasse mit der Kotztüte (siehe dort) tauschen müssen. Erfordert vom Piloten die fliegerische

Toilette

Überschall

Fähigkeit, die Turbulenz notfalls auch künstlich erzeugen zu können.

U

Udet, Ernst Pionier der Fliegerei, der, würde er heute seinen Privatpilotenschein beantragen, diesen sehr wahrscheinlich vom Luftfahrt-Bundesamt verweigert bekäme. Begründung: unausgelebter Spieltrieb. Udet benutzte Flugzeuge, um als Kavalier aufzutreten und Damentaschentücher mit der Flügelspitze aufzuheben, um Brücken zu unterfliegen, an denen sich schon Schwimmer den Kopf angestoßen hatten, und Flugfiguren zu erfinden, die Kunstflugpiloten noch heute zur Verzweiflung treiben.

Überschall Hohe Geschwindigkeit, die sich unangenehmerweise mit einem fensterscheibenzerstörenden Knall bemerkbar macht. Den Überschall erreichen im allgemeinen nur Flugzeuge, die besondere Konstruktionsmerkmale aufweisen. Allerdings soll inzwischen ein Hobbybastler ein muskelkraftgetriebenes Solarflugzeug mit Gummi-Hilfsmotor entwickelt haben, das auf dem Versuchsgelände schon mit Überschallgeschwindigkeit geflogen sein soll.

Ultraleichtflugzeug Fliegendes Objekt, das aussieht, als ob es aus Besenstielen, Wasserleitungsrohren und Bettlaken bestünde. Bietet die luftigste Art zu fliegen.

Umkehrschub

1. Der Drang eines Piloten, mit seinem Flugzeug vor einem sich auftürmenden Gewitter umzudrehen.
2. Vorrichtung am Flugzeugtriebwerk, die verhindern soll, daß die Landebahn zu Ende ist, bevor das Flugzeug zum Stillstand kommt.

Understatement

Natürlich wäre es recht einfach, den Fluggästen monumental vor Augen zu führen, welche Kraft und welche Technik in einem Airliner vereinigt sind. Die Gesellschaften verzichten darauf, pflegen Understatement, verkleiden allzu verwirrende technische Details.

Unterdruck

Entsteht scheinbar nur in Airlinern. Auch „Hollywood-Effekt" genannt, weil er in Filmen aus diesem Ort am meisten vorkommt. Voraus geht meist die fiktive Explosion im Flugzeugrumpf. Es entsteht ein Loch in der Hülle, das gierig Passagiere ansaugt und nach draußen befördert. Als Erklärung muß dann der Unterdruck herhalten.

V

Variometer

Anzeigeinstrument, das in keinem Flugzeug fehlen darf. Zeigt beim Segelflugzeug meist nach unten. Wenn nicht, freut sich der Pilot. Zeigt es beim Motorflugzeug nach unten, ist man entweder im Landeanflug oder der Pilot sieht nervös zu den Motorüberwachungs-Instrumenten. In die-

Ultraleicht

sem Fall sollte man als verständiger Mitflieger beruhigend auf ihn einreden.

Verspätungen Kommen bei den großen, fliegenden Omnibussen immer öfter vor. Interessant sind die Ausreden, die die Kapitäne nach den verspäteten Starts über die Bordlautsprecher geben. Manche sind so unsinnig, daß die Urheber dafür noch einmal in den Flugunterricht müßten.

Vibration Wurde als Abfallprodukt bei der Motorfliegerei entdeckt und von findigen Medizinern zur Heilbehandlung übernommen. Aus Kostengründen mußte die natürliche Vibration in Flugzeugen durch einfache Massagegeräte ersetzt werden.

Viermeter-Bart Nicht das, was ein Säulenheiliger und so manch philosophisch veranlagter Zeitgenosse, meist grau, am Kinn trägt. Es ist ein Aufwind, der ein Segelflugzeug mit vier Metern pro Sekunde nach oben geblasen haben soll. Gehört zur Rubrik „Segelflieger-Latein“.

Vision Menschen, die für das Fernweh-Syndrom anfällig sind, hören im Strahl eines Jets oft geheimnisvolle Melodien.

VMC Wetterbedingung, die je nach Piloteninterpretation als „Visual meteorological conditions“, also Sichtflugwetter oder „very much clouds“ übersetzt wird.

VOR Funknavigationsanlage, die mittels einer recht umfangreichen Apparatur am Boden einem Flugzeug anzeigt, in wel-

Vision

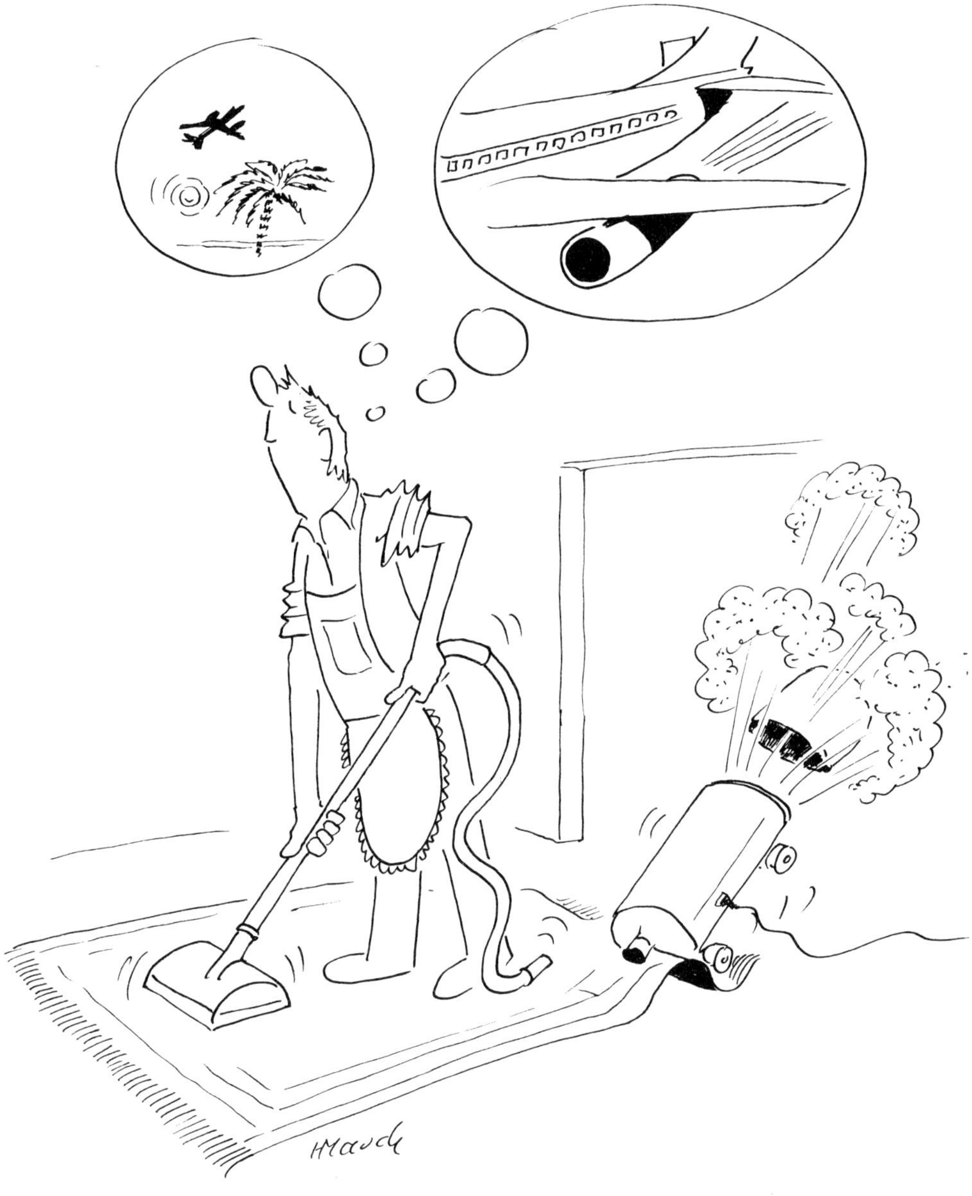

Wendezeiger

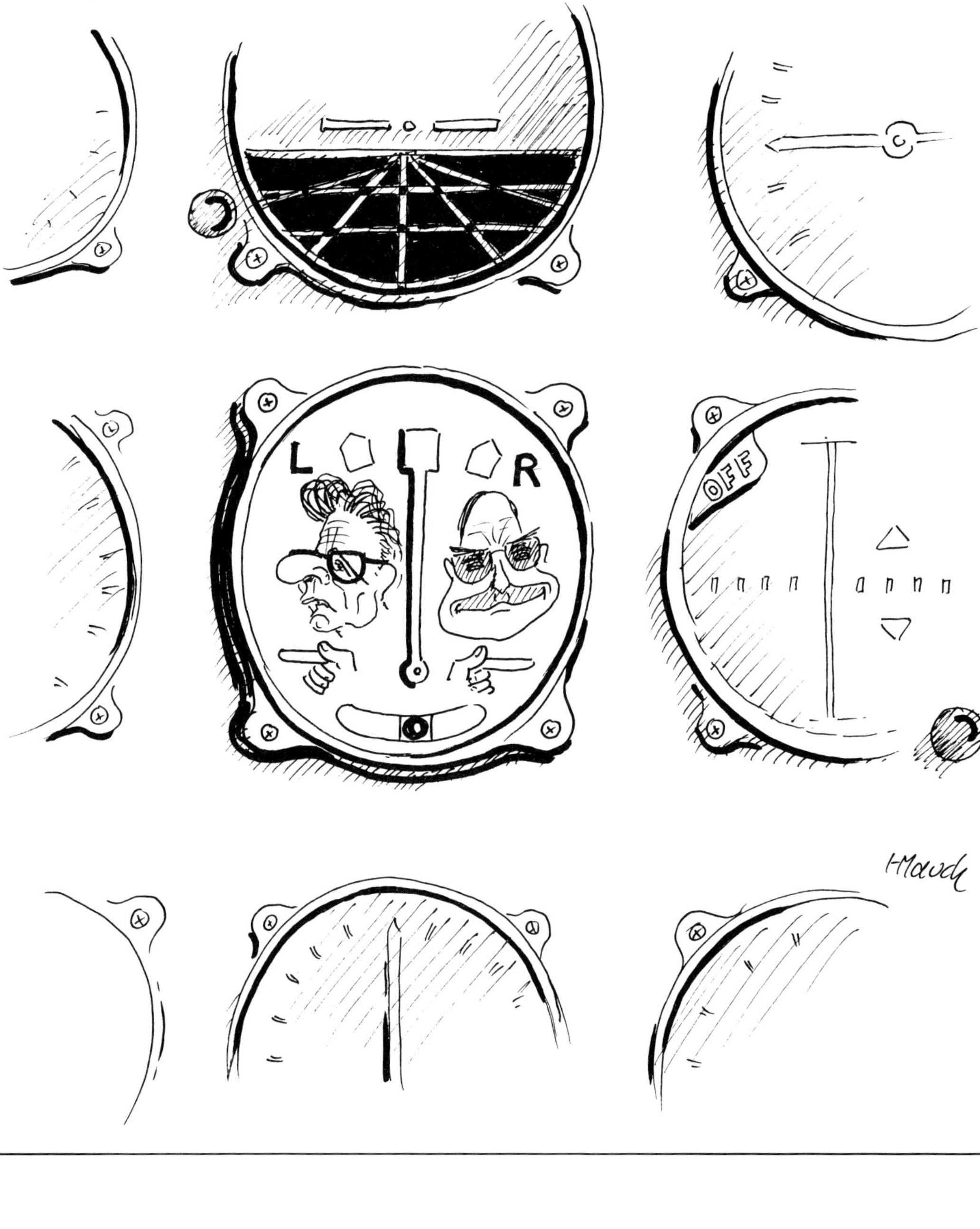

cher Position es sich befindet. Da man aber sehr häufig die Anzeige des VOR falsch interpretiert, wird VOR als „verkehrt oder richtigherum“ übersetzt.

Vorflügel

Sehen aus wie falsch herum angebaute Regenrinnen an der Tragflächen-Nase und ermöglichen extremen Langsamflug. Bei der Do 27 erlauben sie, daß die Maschine mehr Fallschirmspringer (siehe dort) mitnehmen kann, als es das Luftfahrt-Bundesamt, LBA, (siehe dort) erlaubt. Manchmal vergessen Verkehrspiloten die Vorflügel ihrer Omnibusse vor dem Start auszufahren. Diese Flüge enden dann 500 Meter hinter der Startbahn.

W

Wendezeiger

Der Wendezeiger ist kein aktuelles Politbarometer, sondern ein Instrument, das der Flugzeugbesatzung anzeigt, wie sie fliegen muß, damit die Fluggäste nicht dauernd diese grünlich-blasse Gesichtsfarbe annehmen.

Werft

Ort, den ein Flugzeug von Zeit zu Zeit aufsuchen muß, um sich bescheinigen zu lassen, daß es noch fliegen kann. Die Bescheinigung wird durch einen Stempel amtlich. Dieser Stempelaufdruck kostet den Flugzeugbesitzer jedesmal ein paar tausend Mark.

Whiskey

„Abflug über Whiskey“; damit ist nicht die Flughafenbar gemeint, wo sich der Pilot vor dem Start Mut antrinkt, während seine Passagiere schon in der Maschine sitzen und der kommenden Dinge harren. Mit der alkoholischen Stärkung ist ein Pflichtmeldepunkt gemeint, der im Westen liegt und – phantasievoll – einfach „W“ genannt wird.

Wind

Nur im Märchen ein himmlisches Kind. Piloten sehen in ihm einen eher windigen Zeitgenossen. Bläst er von hinten, freuen sie sich, bläst er von vorne auf die Flugzeugnase, dann verfluchen sie ihn, kommt er von der Seite, dann erwehren sie sich mit Computer, Sinus und Cosinus. Was dem Wind aber nichts ausmacht. Er wartet, bis die Piloten mit ihren Berechnungen fertig sind und abgehoben haben, dann bläst er einfach aus einer anderen Richtung, stärker oder auch schwächer; die Piloten können dann ihre Berechnungen über Bord werfen – was verboten ist.

Wright, Wilbur und Orville

Die Antwort der Amerikaner auf Leonardo da Vinci und Otto Lilienthal. Weil sie es weder in der Konstruktion zur Perfektion des da Vinci noch in der Gestaltung eines Seglers zur Reife eines Lilienthals brachten, mußten sie an ihren Flugkörper Motoren anbringen, um fliegen zu können. Aus der Not wurde eine Tugend – die Motorfliegerei ist heute die weitverbreitetste Art, sich in die Luft zu erheben.

X

X-Ray

Ein Begriff aus der Technik, wird von den Fliegern zum Buchstabieren mißbraucht. Sie können nämlich nicht wie

Werft

normale Menschen buchstabieren. Sie brauchen zum Beispiel dazu Freunde (Oskar, Charlie), etwas zu trinken (Whiskey), ihren Vater (Papa), Autos (Sierra, Golf) und einen Neger (Zulu).

Z

Zeitersparnis

Das häufigste Argument für die Benutzung eines Flugzeuges. Die Zeitersparnis gegenüber anderen Verkehrsmitteln wird aber regelmäßig durch Zollformalitäten, Flugvorbereitungen (siehe dort) und Wartezeiten auf Flugplätzen vernichtet und deckt so auf, daß alle nur aus Spaß am Fliegen das Flugzeug benutzen.

Zeitung

Wird von Vielfliegern gerne als Hilfsmittel benutzt, auch als „fast-täglich-Airline-Benutzer“ erkannt zu werden. Statt den Ausblick aus dem Fenster des Flugzeuges zu genießen, tun sie so, als würde sie nichts anderes interessieren als die Tageszeitung vor ihrer Nase. Zum Ärger der Passagiere, die keine Sekretärin haben, die ihnen Fensterplätze bucht.

Zelle

Im Gegensatz zum normalen Leben schränkt die Zelle im Flugzeug niemanden ein. Sie grenzt lediglich den Platz für Piloten und Passagiere vom freien Luftraum ab.

Zeppelin

Adeliger (Graf von Zeppelin), der sich mit einer Sonderform der Fliegerei beschäftigt hat: der Zigarre. Zeppelin

Zeitersparnis

wird heutzutage jedes Luftschiff genannt, das dadurch Aufsehen erregt, daß es unnütze, übergroße Werbung durch die Luft transportiert.

Ziellandung

Mit Ziellandung wird eine Aufgabe bei einer Flugrallye benannt, die darin besteht, unter größtmöglicher Genauigkeit ein bestimmtes Feld auf einer Landebahn zu berühren, ohne daß
a. sich die Passagiere übergeben müssen
b. sich der Pilot übergeben muß
c. das Flugzeug danach dem Schrotthändler übergeben werden muß.

Zuladung

Alles das, was nicht fest am Flugzeug befestigt ist. Ist durch den Begriff „maximales Startgewicht" begrenzt. Einige Piloten versuchen die Zuladung auf natürliche Weise zu begrenzen. Sie lassen so viele Fluggäste und Gepäck verstauen, bis beim besten Willen nichts mehr in die Maschine hineingeht. Diese Piloten sind meistens auch diejenigen, die von den Flugplatz-Gesellschaften vehement die Verlängerung von Landebahnen fordern.

Zulassung

Reizwort für alle Konstrukteure. Was sich auf anderen Gebieten jahrelang bewährt hat, muß in der Luftfahrt grundsätzlich neu erfunden, berechnet und erprobt und das Berechnete und Erprobte nachgewiesen werden. Die Folgen: siehe Preise.

Zündschlüssel

Schlüssel zum Starten der Flugzeugmotoren. Soll nach unbewiesenen Berichten einiger Angeber auch zum Beeindrucken naiver Mädchen gut sein. Führt dann –

Ziellandung

Zuverlässigkeit

gleich, wie es ausgeht – zu einem sogenannten Schlüssel-Erlebnis.

Zuverlässigkeit

Über die Zuverlässigkeit und Pünktlichkeit der Airlines zu diskutieren, ist müßig – besser geht es nicht mehr! Problematisch wird es dagegen, wenn man den gewohnten europäischen Standard verläßt und sich einer regionalen Gesellschaft in Entwicklungsländern anvertraut. Professioneller Anstrich überdeckt oft einfachste Mängel. Ein Blick hinter die Kulissen ist angebracht!!

Fröh·li·che Wör·ter·bü·cher von A bis Z

ISBN 3–8231–0135–8

ISBN 3–8231–0126–9

ISBN 3–8231–0127–7

Jeder Band hat 96 S. und ca. 45 Karikaturen

ISBN 3–8231–0139–0

ISBN 3–8231–0116–1

ISBN 3–8231–0105–6

ISBN 3–8231–0138–2

ISBN 3–8231–0136–6

ISBN 3–8231–0110–2

ISBN 3–8231–0101–3

ISBN 3–8231–0120–X

ISBN 3–8231–0137–4

ISBN 3–8231–0121–8

ISBN 3–8231–0152–8

ISBN 3–8231–0122–6

ISBN 3–8231–0144–7

ISBN 3–8231–0114–5

TOMUS-Büche

ISBN 3–8231–0113–7

ISBN 3–8231–0107–2

ISBN 3–8231–0128–5

ISBN 3–8231–0112–9

ISBN 3–8231–0149–8

ISBN 3–8231–0129–3

ISBN 3–8231–0143–9

ISBN 3–8231–0119–6

ISBN 3–8231–0123–4

ISBN 3–8231–0134–X

ISBN 3–8231–0154–4

ISBN 3–8231–0124–2

ISBN 3–8231–0140–4

ISBN 3–8231–0117–X

ISBN 3–8231–0156–0

ISBN 3–8231–0109–9

ISBN 3–8231–0102–1

ISBN 3–8231–0111–0

ISBN 3–8231–0151–X